EDVARD GRIEG

HOCHZEITSTAG AUF TROLDHAUGEN

FÜR KLAVIER ZU ZWEI HÄNDEN

OPUS 65 Nr. 6

C.F. PETERS

FRANKFURT/M. · LEIPZIG · LONDON · NEW YORK

Hochzeitstag auf Troldhaugen *)

Bryllupsdag på Troldhaugen

Jour de noces — Wedding day

Edvard Grieg, Op. 65 N⁰ 6

Tempo di Marcia un poco vivace

Pianoforte

*) Troldhaugen, Landhaus des Komponisten

Edition Peters Nr 2925

8831

4

6

10

KLAVIERMUSIK ZU VIER HÄNDEN
MUSIC FOR PIANO DUET

ORIGINALWERKE / ORIGINAL WORKS

BACH, J. CHR. 3 Sonaten (C-Dur op. 15/6, A-Dur op. 18/5,
F-Dur op. 18/6) (Weismann) . . . . EP 4516
BEETHOVEN Originalkompositionen (Sonate D-Dur op. 6,
3 Märsche op. 45, Variationen C-Dur und D-Dur) . . . . EP 285
BIZET Jeux d'enfants (12 Stücke) op. 22 . . . . EP 8747
BRAHMS Liebeslieder op. 52, Neue Liebeslieder
op. 65 (4 Singstimmen ad lib.) . . . . EP 3912
– Schumann-Variationen op. 23 . . . . EP 3659
– Ungarische Tänze Nr. 1-10 . . . . EP 2100a
– Ungarische Tänze Nr. 11-21 . . . . EP 2100b
– Walzer op. 39 . . . . EP 3665
CLEMENTI Sonaten Es-Dur (op. 14/3), C-Dur (op. 3/1),
Es-Dur (op. 3/2), C-Dur (op. 6/1) . . . . EP 1323
DEBUSSY Petite Suite, 6 épigraphes antiques, Marche écossaise EP 9078h
DIABELLI Sonaten op. 24, 54, 58, 60 . . . . EP 2440a
– Sonaten op. 32, 33, 37 (Frey) . . . . EP 2443a
– Sonaten op. 38, op. 73 . . . . EP 2443b
– Sonaten op. 150, Rondo op. 152 . . . . EP 2441
DVOŘÁK Slawische Tänze op. 46 . . . . EP 8752a
– Slawische Tänze op. 72 . . . . EP 8752b
– Ausgewählte Klavierwerke: Legenden op. 59 (Nr. 4, 5, 8, 9, 10),
Slawische Tänze op. 46 (Nr. 1, 2, 8), op. 72 (Nr. 2, 4, 8),
Waldesruhe op. 68/5 (Lerche) . . . . EP 4935
FAURÉ Dolly op. 56 (Howat) . . . . EP 7430
GENZMER Sonate D-Dur . . . . EP 5020
GRIEG Norwegische Tänze op. 35 . . . . EP 2056
– 2 pièces symphoniques op. 14 . . . . EP 1439
– Walzer-Capricen op. 37 . . . . EP 2156
KUHLAU 6 Sonatinen (op. 44/1-3, op. 66/1-3) . . . . EP 728
MENDELSSOHN BARTHOLDY Andante und Variationen
B-Dur op. 83a, Allegro brillant A-Dur op. 92 . . . . EP 1715
MOSZKOWSKI Spanische Tänze op. 12 . . . . EP 2125
– Neue spanische Tänze op. 65 . . . . EP 2992
– Polnische Volkstänze op. 55 . . . . EP 2777
MOZART Sonaten KV 358, 381, 497, 521; Variationen G-Dur
KV 501; Fuge g-Moll KV 401; Fantasien KV 594, 608 . . . . EP 12
PIANOFORTE-ALBUM Leichte und mittelschwere Original-
kompositionen von Haydn (Meastro e Scolare), Mozart
(Sonaten D und B), Beethoven (Sonate D), Schubert (Märsche
op. 51/1, op. 40/2), Weber (Sonatine C, Romanze op. 3/2),
Schumann (Geburtstagsmarsch op. 85/1) u.a. . . . . EP 1978a
REGER 6 Burlesken op. 58 . . . . EP 3949
– 6 Stücke op. 94 . . . . EP 3111
– Variationen und Fuge op. 132 (»Mozart-Variationen«) . . . EP 3974
SCHUMANN Bilder aus Osten op. 66, Zwölf vierhändige Stücke
op. 85, Ballszenen op. 109, Kinderball op. 130 . . . . EP 2347
SCHUBERT Originalkompositionen in 3 Bänden
– I op. 10, 27, 30, 35, 40, 51, 54 . . . . EP 155a
– II op. 55, 61, 63, 66, 75, 82/1-2, 84/1-2 . . . . EP 155b
– III op. 103, 107, 121, 138, 140, 144, 152 . . . . EP 155c
– Märsche: 3 Marches héroiques op. 27 (D 602); 6 Grandes Marches
op. 40 (D 819); 3 Marches militaires op. 51 (D 733); Grande
Marche funèbre op. 55 (D 859); Marche héroique op. 66 (D 885);
2 Marches charact. op. 121 (D 968B); Kindermarsch G (D 928) EP 749
– 4 Ländler (D 814), Fuge e (D 952), Allegro und Andante C
(D 968) und andere leichte Stücke (K. Herrmann) . . . . . . EP 4480
WEBER Originalkompositionen (op. 3, 10, 60) . . . . EP 188a

LEICHT SPIELBARE UNTERRICHTSWERKE
EASY PIANO PIECES

DIABELLI Melodische Übungsstücke op. 149 . . . . EP 2442
– Jugendfreuden op. 163 . . . . EP 2440b
LEICHTE SPIELSTÜCKE 37 Stücke von Beethoven, Türk,
Weber, Schubert, Vanhal, Fibich, u.a. (Holzweißig) . . . . . EP 9481
MOZART 2 Sonatinen, nach KV 213 und 240 (K. Herrmann) EP 4456
– 6 (Wiener) Sonatinen (Johnson) . . . . EP 7017
PRZYSTANIAK Four Hands - One Piano (12 leichte Jazzstücke) EP 10862
ROWLEY 6 kurze Tanzstückchen op. 41 . . . . EP 4381
RUTHARDT Lehrer und Schüler, 40 ganz leichte Stücke . . EP 2720
SCHOLL/ANDERSON Das Boogiebuch (7 leichte bis mittel-
schwere Stücke für Unterricht und Vortrag) . . . . EP 8650
A. TCHEREPNIN Exploring the Piano (12 Stücke
mit sehr leichtem Schülerpart) . . . . EP 66629
TSCHAIKOWSKY Russische Volkslieder . . . . EP 4493
TSCHECHISCHE VOLKSTÄNZE u. LIEDER (K. Herrmann) EP 4902
WOHLFAHRT Musikalischer Kinderfreund op. 87 . . . . . . EP 1330

BEARBEITUNGEN / ARRANGEMENTS

BACH, J. S. Brandenburgische Konzerte Nr. 1-3 (Reger) . . EP 3108a
– – Nr. 4-6 (Reger) . . . . EP 3108b
– 4 Ouverturen (Suiten) für Orchester (Reger) . . . . EP 3181
– Jesus bleibet meine Freude (aus Kantate 147) . . . . EP 7470
BEETHOVEN Septett Es-Dur op. 20 . . . . EP 11
– Symphonien, 2 Bände (Nr. 1-5 / Nr. 6-9) . . . . EP 9/EP 10
BIZET Carmen, Ouvertüre . . . . EP 7457
GRIEG Peer-Gynt-Suite I op. 46 . . . . EP 2432
– Peer-Gynt-Suite II op. 55 . . . . EP 2663
HÄNDEL Orgelkonzerte (Ruthardt)
– Band I: 6 Konzerte op. 4 (g, B, g, F, F, B; HWV 289-294) . . . EP 2591a
– Band II: 6 Konzerte op. 7 (B, A, B, d, g, B; HWV 306-311) . . EP 2591b
– Suite aus »Wassermusik« . . . . H 46
HAYDN Symphonien (Ulrich)
– Band I: Nr. 93, 94, 99, 101, 103, 104 . . . . EP 186a
– Band II: Nr. 86, 95, 97, 98, 100, 102 . . . . EP 186b
JOPLIN 14 ausgewählte Ragtimes, nach dem Original bearb.
für Klavier zu 4 Händen (Kirchgäßner/Didion), 2 Hefte . . EP 8610a/b
MENDELSSOHN Hochzeitsmarsch und Notturno (op. 61) . EP 7464
MOZART Ouvertüren: Idomeneo, Entführung, Figaros Hochzeit,
Don Giovanni, Cosi fan tutte, Zauberflöte, Titus (Kleinmichel) . EP 135a
– Serenade »Eine kleine Nachtmusik« KV 525 . . . . EP 3078
– Symphonien KV 385, 425, 504, 543, 550, 551 . . . . EP 187a
– Symphonien (KV 297, 319, 338); Serenaden (KV 250,
320); Symphonie G-Dur von Leopold Mozart . . . . EP 187b
OUVERTUREN-ALBUM
– Band I: Rossini (Barbier v. Sevilla, Diebische Elster, Italienerin
in Algier), Lortzing (Zar und Zimmermann), Donizetti
(Regimentstochter), Bellini (Norma), Auber, Boieldieu . . . EP 1950
– Band II: Beethoven (Fidelio, Leonore Nr. 3, Egmont, Coriolan,
Prometheus), Schubert (Zauberharfe), Gluck, Cherubini . . EP 1951
ROSSINI Wilhelm Tell, Ouverture . . . . EP 7467
SUPPÉ Dichter und Bauer, Ouvertüre . . . . EP 7472
– Leichte Kavallerie, Ouvertüre . . . . EP 7458
WAGNER Siegfried-Idyll . . . . EP 7460

Bitte fordern Sie den Katalog der Edition Peters an
For our free sales catalogue please contact your local music dealer

C. F. PETERS · FRANKFURT/M. · LEIPZIG · LONDON · NEW YORK
www.edition-peters.de · www.edition-peters.com

17/01a